La tarification des échanges internationaux

La tarification des échanges internationaux

Stephanie Mouawad

Sommaire :

La théorie classique de l'échange international trouve son origine dans le concept des avantages comparatifs développé par Ricardo et par celui de Samuelson concernant les pays doutés e ressources. Cette notion met l'accent sur le libre-échange comme la meilleure méthode d'échange international. Ainsi qu'elle souligne la nécessité les pays à avoir intérêt de se spécialiser dans les secteurs où ils disposent des avantages vis-à-vis les autres pays.

La définition la plus simplifiée du commerce international est l'ensemble des échanges, au niveau international, de biens et services. Le commerce international se mesure par le montant des importations et des exportations chaque année. Naturellement leur montant doit être égal.

Mais à présent, cette théorie ne reflète plus la réalité. Les échanges de biens au niveau local comme au niveau international sont dirigés par la concurrence monopolistique. C'est à dire une discrimination de prix existe.

La tarification des échanges internationaux est donc due aux méthodes de priming international comme le Pricing to Market (PtM) ou le Prodcuer Currency Pricing (PCP).

Les prix sont aussi facteur de la transmission du taux de change aux prix ou autrement dit le pass-through.

Comment les méthodes de Pricing to Market ont-ils évolués durant les dernières dix années ? Et la transmission du taux de change au Prix a elle augmenter ou diminuer durant cette période ?

Nous verrons en premier lieux les différentes méthodes de pricing internationalc pour élaborer ensuite les changements au niveau la transmission du taux de change aux prix. Ainsi que nous verrons enfin un tableau signalant des récents apports de différent chercheurs concernant ce sujet.

Part I :

Les méthodes de Pricing International.

Pricing to Market (PtM).

Le PtM joue un rôle central dans la détermination des taux de change internationale et les fluctuations macroéconomiques.

Un PtM existe quand le prix de vente des produits d'une entreprise varie selon le marché destinataire. L'entreprise peut par exemple fixer un prix X pour un pays et un prix X2 pour un autre pays. Dans ce cas l'entreprise ne change pas ces prix à l'exportation suite à une variation du taux de change. Une entreprise qui utilise le PtM a généralement peur de perdre sa part du marché.

C'est le cas que pour donner suite à une appréciation de la monnaie nationale, les exportations restent inchangées en adaptant le PtM. Les clients à l'étranger payeront le même prix et l'entreprise nationale répercute la perte sur sa marge. Ainsi, le PtM total n'a aucune influence sur les prix. Ceux-ci impliquent un pass-through nul.

Producer Currency Pricing (PCP) :

Le PCP implique une rigidité des prix dans la monnaie nationale du pays du producteur. L'entreprise qui vent en PCP vend dans sa propre monnaie partout.

Il n'existe pas de discrimination selon le marché. En général une entreprise vend en PCP quand elle possède un marché international fort comme le cas des Etats-Unis. Le PCP total implique une variation complète sur les prix aboutissant à un pass-through égal à 1.

Mais aussi il faut signaler l'existante d'un comportement hybride.

De là, l'existence de Pricing to Market implique un pass-through incomplet.

La tarification du taux de change est plus variable dans une économie quand le PtM existe.

Part II :

La transmission du taux de change au Prix :

Les méthodes et étapes de transmission :

La fluctuation de la monnaie nationale se transmis aux prix. En effet une dépréciation de la monnaie nationale doit en général accroître les prix des biens importés.

Si ce changement se traduit entièrement sur les prix des importations, la transmission sera « complète ».

Si seulement une partie de la dépréciation est transmise aux prix des importations, la transmission ne sera pas complète ; elle est dite partielle ou incomplète.

Le degré de la transmission des variations du taux de change aux prix des biens importés est fonction de plusieurs facteurs, on nomme :

- ✓ La durée prévue ou anticipée de la dépréciation,
- ✓ Les coûts d'ajustement des prix
- ✓ Les conditions de la demande.

Le processus de la transmission comprend deux étapes. Dans la première, les mouvements du taux de change se répercutent sur les prix des importations. Dans la seconde étape, les variations des prix des importations influent les prix à la consommation.

La diminution du degré de transmission des variations de change.

D'après la Revue de la Banque du Canada en 2010 les variations de taux changes sur les prix à l'importation ont subies une diminution durant les dernières années. Plusieurs facteurs sont à la cause de cette diminution.

- ✓ L'accroissement des échanges commerciaux : Un grand nombre des sociétés multinationales produisent et échangent des biens intermédiaires, mais aussi des biens finaux. Donc l'échange des deux types de biens (intermédiaires et finaux) a dû accroitre les échanges commerciaux au niveau mondiale. De même il ne faut les échanges de tous types de biens entre les filiales.

✓ La délocalisation : actuellement les entreprises délocalisent d'avantage une partie de leur production. Ce fait peut avoir contribué à réduire le degré de transmission des variations de change aux prix à l'importation. La production sera ainsi répartie dans plusieurs pays différents. Ainsi chaque pays dispose des mouvements de change différents de l'autre. En 2008 Murray souligne que les fluctuations de change qui ne se répercutent pas sur les prix des biens importés doivent être absorbées par les exportateurs étrangers. Autrement dit, une diminution de l'incidence des mouvements de change au niveau des importations est due à une sensibilité supérieure des prix à l'exportation.

✓ Les grands importateurs : Ils jouent un rôle important au niveau des variations du taux de change. Il faut avant signaler que la mondialisation a réduit le degré de répercussion observé des variations de change comme l'a dit Dvir en 2007. En effet, ces importateurs ont un important pouvoir de marché ; leurs parts du marché sont donc importantes. Ils peuvent sélectionner leurs fournisseurs parmi plusieurs choix. Si le taux de change varie, leur solution optimale sera de changer de fournisseurs, et de pratiquer une discrimination des prix. Puisque ces grands importateurs ont un important pouvoir sur le marché, ils peuvent changer facilement de fournisseurs sans aucune contrainte. Ainsi, la mesure de prix varie au niveau des importations et le degré de transmission observé sera plus faible.

✓ La variation de la composition des importations de chaque pays : cette variation est au niveau de la diminution des produits de bases et l'augmentation des produits sophistiqués différenciés. Ainsi ces produit se caractérisent par une évolution continue du degré de différenciation et la diminution du dégrée de la transmission.

✓ L'importance grandissante des marchés émergents : L'intégration rapide et remarquable des économies émergentes dans les marches mondiales a contribué à la baisse récente du degré de répercussion des variations de change sur les prix des biens importés dans un nombre important des pays industriels. En effet, la diminution de la transmission aux prix à l'importation dans certains pays avancés, notamment dans les États-Unis, cadre avec une hausse de la proportion des importations en provenance des marchés émergents (Bussière et Peltonen, 2008).

✓ La poussée des exportations de la Chine vers les États-Unis : cette explication est avancée par Marazzi et Sheets en 2007. En effet, les diminutions les plus fortes ont eu lieu dans les catégories d'importations américaines où la part de marché de la chine a augmenté.

Réaction au Prix

On sait que la réaction des prix à l'importation due aux fluctuations de changes est importante. Mais c'est l'évolution de l'IPC qui compte le plus pour les responsables de la politique monétaire de chaque pays.

L'augmentation des prix à la consommation étant un indice déclencheur de l'inflation. Le degré de répercussion des variations de change sur les prix à l'importation est l'élément le plus déterminant de la transmission aux prix à la consommation. Il faut aussi prendre en considération les facteurs suivants :

✓ Les coûts de distribution comme le transport ont certainement une influence sur les prix à l'importation et les prix à la consommation. Selon l'exemple prix par Berger en 2009, les marges de distribution aux Etat unis sont entre 50 et 70%. La grande partie des coûts revient à celles des services non échangeables à l'international. Les prix à la consommation ne sont donc pas en grande partie subie aux fluctuations des taux de change (Goldberg et Campa, 2008 ; Berger, 2009).

✓ Le recul de l'incidence des variations de change sur les prix à la consommation peut avoir comme origine la politique monétaire. Une économie solide et crédible qui est caractérise par un taux d'inflation faible peut réduire le degré de transmission des mouvements de change. A titre d'exemple Bouakez et Rebei (2008) et Murchison (2009) conclu que l'incidence à court terme des mouvements de change diminuent après l'adoption d'une cible d'inflation.

✓ La concurrence présente sur le marché local peut aussi avoir une influence sur le degré de transmission des variations de change aux prix à la consommation en le dirigeant vers la baisse. En effet, quand la concurrence augmente au niveau national, le vendeur a intérêt à absorber une partie de l'augmentation. Il supporte cette partie sur sa marge de bénéfice. La variation de change n'est pas donc totalement transmise au prix. On parle dans ce cas de pass-through partiel.

✓ La rigidité des prix peut diminuer la transmission de variation de changes. Les prix sont en général rigides surtout sur le court terme. Par ici, une variation du taux de change ne sera pas directement transmise aux prix à la consommation, surtout s'il s'agit d'une faible variation. C'est en premier lieu dû à l'existence des coûts de Changement de prix.

Tableau signalant des récents
apports internationaux :

Des différents apports récents concernant les échanges internationaux et la transmission des variations de change au prix ont nouvellement eu lieux. Ils sont regroupés dans le tableau suivant :

La composition des importations s'est modifiée au profit des secteurs où le degré de transmission est moindre.	Campa et Goldberg (2005)

La mondialisation a à réduire le degré de répercussion observé des variations de change.	Dvir, 2007
Les marges de distribution sont entre 50 à 70 % aux États-Unis.	Berger et autres (2009),
La diminution de la transmission aux prix à l'importation dans certains pays avancés (États-Unis) cadre avec une hausse des	Bussière et Peltonen, 2008

importations en provenance des marchés émergents, dont bon nombre établissent leurs prix en fonction du marché.	
Les fluctuations de change qui ne se répercutent pas sur les prix des biens importés doivent être absorbées par les exportateurs étrangers	Murray (2008)
L'incidence à court terme des	Bouakez et Rebei (2008)

mouvements de change diminue après l'adoption d'une cible d'inflation.	et Murchison (2009)
Les prix à la consommation sont à l'abri des effets des fluctuations du taux de change car le coût majeur se rapporte à des services non échangeables à l'international.	Goldberg et Campa, 2008; Berger et autres, 2009

Le degré de transmission des variations de change aux prix à l'importation a diminué entre 1990 et 2004 dans tous les pays du G7; la diminution est importante pour les États-Unis, le Japon et la France.	Marazzi et Rothenberg (2006)
Baisse de l'incidence des variations du taux de change sur les prix à l'importation	Marazzi et Sheets (2007)

aux États-Unis : la transmission sur les prix est de 20 % dans la dernière décennie, alors qu'elle était supérieure à 50 % ultérieurement.	
Le degré de répercussion des mouvements de change sur les prix des biens importés dans la zone Euro a subi une légèrement diminution depuis quelques années.	Mauro, Rüffer et Bunda (2008)

Les prix ont en fait pas ou très peu réagi à une forte dépréciation de la monnaie.	Burstein, Eichenbaum et Rebelo, 2007)
La rigidité dans les indices globaux ne reflète pas la grande souplesse et la grande variabilité affichée à une plus petite échelle par le comportement des différents prix.	(Nakamura et Steinsson, 2008; Crucini et Telmer, 2007)

Les entreprises aux Etats-Unis qui révisent leurs prix peu souvent ont tendance répercutent moins les variations de change que les entreprises qui modifient fréquemment leurs prix.	Gopinath et Itskhoki (2010)
Une inflation stable diminue la discrimination à travers les différents pays.	Corsetti, Dedola and Leduc (2007),

La poussée des exportations de la Chine vers les États-Unis a réduit les mouvements de change.	Marazzi et Sheets, 2007

Conclusion

Les échanges de biens au niveau local comme au niveau international sont dirigés par la concurrence monopolistique où la discrimination de prix existe. La tarification de l'échange international est donc due aux méthodes de pricing international comme le Pricing to Market (PtM) ou le Prodcuer Currency Pricing (PCP).

Un PtM existe quand le prix de vente des produits d'une entreprise varie selon le marché destinataire. Les clients à l'étranger payeront le même prix et l'entreprise nationale répercute la perte sur sa marge.

Ainsi, le PtM total n'a aucune influence sur les prix. Ceux-ci impliquent un pass-through nul. En cas de Le PCP il y a une rigidité des prix dans la monnaie nationale du pays du producteur. L'entreprise qui vent en PCP vend dans sa propre monnaie partout.

Il n'existe pas de discrimination selon le marché. En général, une entreprise vend en PCP quand elle possède un marché international fort comme le cas des Etats-Unis.

Quand Le PCP est total, la transmission de la variation de change sur les prix est complète.

Dans cette étude, on a vu que la transmission de variation de change a subi une diminution sur les derrières dix années. Cette diminution se fait pour donner suite à plusieurs facteurs.

On nomme en premier lieu l'évolution des marchés émergeant et celui de la Chine qui peu à peu réduit le marché des Etats-Unis.

Les entreprises possédant ultérieurement un marché fort ne peuvent plus vende totalement PCP. Ils seront donc obligés utiliser le PtM et donc la transmission de la variation du taux de change diminue éventuellement.

En second lieu on peut voir l'accroissement des échanges internationaux, les flux entre filiales, la mondialisation et, la délocalisation de la production comme des autres facteurs déclenchant cette diminution. De même la variation du panier des importations à mener à l'augmentation de la différenciation signalant une baisse du pass-through. Enfin il ne faut pas oublier le fait que les prix sont moins rigides sur le long terme.

En ce qui concerne les Etats-Unis, la transmission des variations de changes sur les prix a également subie une diminue, comme le signale les différents apports.

C'est à dire les Etats-Unis utilise actuellement plus le PtM par rapport au comportement passé.

En effet pour donner suite à l'introduction de nouveau marche, surtout celui de la chine, l'augmentation de la différenciation et les facteurs déjà vu dans le paragraphe présentent, le marché des Etats-Unis devient donc menacé par d'autre marche et des différents facteurs.

Donc les états unis doivent augmenter leur vente en PTM. La vente en PCP ainsi a subi une diminution et donc la transmission de la variation du taux de change diminue. Mais est-ce que cette diminution continuera-t-elle ?

Biographie :

- ✓ REVUE DE LA BANQUE DU CANADA • PRINTEMPS 2004

- ✓ Journal of International Economics 50 (2000) 215–244, Exchange rate dynamics in a model of pricing-to-market, www.elsevier.nl/locate/econbase

- ✓ The Exchange Rate Pass-Through in the New EU, Member States, Ramona Jimborean

- ✓ REVUE DE LA BANQUE DU CANADA AUTOMNE 2010.

www.ingramcontent.com/pod-product-compliance
Lightning Source LLC
Chambersburg PA
CBHW072135150726
48002CB00004B/1523